.48
Lb. 1913.

AF263434

LETTRE

A M. P.-F. TISSOT,

SUR

SA RÉVOCATION DE LA PLACE DE PROFESSEUR DE POÉSIE LATINE AU COLLÉGE ROYAL DE FRANCE;

SUIVIE

De Notes historiques sur le Collége royal, et sur les Professeurs qui ont été suspendus, révoqués ou persécutés par suite de leurs opinions politiques ou religieuses.

A PARIS;

CHEZ { RAYMOND, Libraire, rue de la Bibliothèque, n° 4.
BATAILLE et BOUSQUET, Libraires; Palais-Royal, galerie de bois.

AVRIL 1821.

Library stamp

LETTRE

A M. P.-F. TISSOT,

Sur sa révocation de la place de Professeur de Poésie latine au Collége royal de France.

Mᴏɴsɪᴇᴜʀ,

> ....*En quò discordia cives*
> *Perduxit miseros!*................(1),

Oɴ vous dépouille donc de l'héritage d'un grand poète (2), on vous arrache d'une chaire que vous aviez si dignement occupée durant dix ans. Le gouvernement révolutionnaire conserva religieu-

---

(1)   ....O discordes civiles,
Voilà vos fruits amers!........ »
                    Vɪʀɢ., *Egl.* I.
(2) *Voyez* la note I.

1

sement à Delille, fuyant Paris et nos troubles civils, la place fondée par Louis XVI. Sous le règne
de la Charte, vous êtes enlevé à vos élèves au milieu
de l'année classique, alors que vous exercez vos
fonctions avec le plus de zèle et d'assiduité (1).

Mon premier soin, en apprenant la nouvelle de
votre révocation, fut d'aller chercher ce précis (2)
dont on fait la cause ostensible de votre disgrâce (3). Qu'y a-t-il donc de coupable dans cet
écrit? Indiquez-moi la page séditieuse, car je l'ai
cherchée en vain. Serait-ce celle où vous dites que
le bon droit était du côté des Français (4)? celle
où vous louez Bonchamp et les vertus de quelques chefs vendéens qui, au milieu des horreurs
d'une guerre civile, savaient encore entendre la
voix de l'humanité (5)? Est-ce un crime de dire
qu'en 93 on commettait de grandes fautes sans
doute, mais que, dans ce temps, du moins, on ai-
mait son pays, et l'on avait horreur du joug étranger (6)? Les jugemens que vous portez sur Piche-

---

(1) *Voyez* la note II.

(2) *Précis* ou *Histoire abrégée des Guerres de la Révolution française, depuis* 1792 *jusqu'en* 1815, par une Société de
militaires, sous la direction de M. Tissot, professeur de poésie
latine au collége de France. *Paris,* Raymond, rue de la
Bibliohèque, n° 4.

(3) *Voyez* la note III.

(4) Page 26.

(5) Page 36, 165.

(6) Page 138.

gru et quelques autres traîtres , ont - ils irrité les heureux du jour? La témérité que vous avez eue de mettre le passage du Rhin par Jourdan (1), qui n'était ni *empereur* ni *roi*, au-dessus du mélodrame de Louis XIV , aurait été sévèrement réprimée sous le règne de l'usurpateur. Les commis royaux de la douane des pensées sont encore plus susceptibles que les censeurs impériaux : ceux - ci du moins ne recevaient d'ordre que de leur maître.

Cette phrase sur la Convention, si indignement tronquée par le Journal de Paris, serait un prétexte ridicule (2); elle n'a rien de blâmable. Mais je tiens certainement le nœud de l'affaire ; votre révocation est un contre-coup diplomatique. Démembrer la France , dites-vous (3), la mettre au rang le plus bas, c'était alors, comme aujourd'hui, le but de la coalition. Quelques pages après (4), vous rappelez que Bonaparte, partant pour sa glorieuse campagne de 1797, disait aux nations de l'Italie : « L'heure de la vengeance a sonné ; mais » que les peuples soient sans inquiétude, nous » sommes amis de tous les peuples. » Il est évident qu'il y a là un crime de lèse - Sainte - Alliance. L'ordre de votre révocation vient de Troppau ou

---

(1) Page 138.
(2) *Voyez* la note IV.
(3) Page 66.
(4) Page 193.

(4)

de Leybach; aussi pourquoi faites-vous des réflexions en écrivant l'Histoire?

Cependant, si vous voulez que je vous le dise,
je crois que ce *Précis* n'est qu'un prétexte. On a
des choses plus graves à vous reprocher. Comment, au lieu d'expliquer purement et simplement
du latin en français, vous vous efforciez d'intéres-
ser vos auditeurs, vous cultiviez leur goût?...... Il
fallait, Monsieur, discuter longuement sur les aca-
talectiques, les hypercatalectiques, les coriambi-
ques, etc.; il fallait divaguer sur les allégories
qu'on peut trouver dans Virgile (1); il fallait être
ennuyeux. L'ennui tue l'imagination, énerve le
courage, étouffe la pensée; l'ennui ne réfléchit
pas; il vote tout endormi; il ne demande que clô-
ture et ordre du jour : l'ennui est le plus grand
auxiliaire des doctrines ministérielles. Loin de
cela, vous accoutumiez vos élèves à réfléchir;
vous leur montriez comment les grands maîtres
ont exprimé les mêmes pensées. Vous disiez que
si Horace avait vécu à l'abri de l'influence de la
cour d'Auguste, son génie aurait enfanté de plus
beaux ouvrages. Vous ne perdiez aucune occasion
d'inspirer l'amour de l'ordre, celui de l'étude.
Vous excitiez dans les âmes une profonde horreur pour les proscriptions d'Octave, une sainte
admiration pour les vertus de Régulus et de Ca-

______

(1) *Voyez* la note V.

ton. Vous prêchiez la soumission aux lois, les bonnes mœurs; enfin, vous vous efforciez de faire de vos auditeurs des hommes vertueux et des citoyens utiles.

Ne saviez-vous donc pas que les gens qui raisonnent sont la peste d'un état? que pour rendre les hommes heureux, c'est-à-dire faciles à gouverner, il faut diriger leur esprit vers les études les plus oiseuses, leur apprendre ce qu'ils n'auront jamais besoin de savoir, les accabler sous le poids d'une sèche et inutile érudition (1). Si vous aviez discuté les Commentaires de Heyne, parlé pendant un an sur l'arbre qui portait le rameau d'or, ou sur la position de l'enfer et de l'élysée, vous seriez encore lecteur royal.

Ajoutez à tout cela que vous étiez en contravention avec les règlemens de police. Un homme qui a plus de trois cents auditeurs, dont les deux tiers sont assidus, est un homme dangereux; et d'ailleurs, cette année, quel poëme expliquiez-vous? Les *Métamorphoses*, qui se refusent, il est vrai, à toute allusion politique; mais de qui sont-elles? d'Ovide, d'un poète exilé par un empereur! L'intention était manifestement séditieuse; vous ne pouvez le nier, et vous méritez ce qui vous arrive.

____

(1) *Voyez* à ce sujet *de l'Horrible danger de la Lecture*, Voltaire, t. VIII, p. 454, édition de Desoër, et *le Commentaire sur l'éloge du Dauphin*, même volume, p. 879.

Dans quel siècle vivons-nous? Faut-il que ce soit un crime d'aimer la liberté et la patrie? Faut-il que les talens distingués expient l'éclat de leur renommée (1)? Faut-il que l'homme de lettres renonce à servir ses concitoyens, ou consente à prostituer sa plume?

Soyez fier de votre disgrâce, Monsieur; elle vous est commune avec une foule de bons citoyens, avec beaucoup d'hommes illustres, vos prédécesseurs au collége de France (2). La mauvaise foi, l'importunité, ont seules extorqué à un monarque ami des lettres l'injustice qui frappe le successeur de Delille. Cette injustice, qui sans doute en présage beaucoup d'autres (3), retombera sur ceux qui l'ont sollicitée. La gloire sera pour vous, la honte pour eux; vos auditeurs seront seuls à plaindre.

Croyez, Monsieur, aux regrets de la foule studieuse qui puisait à vos cours le goût des grandes et belles choses. Croyez surtout au chagrin des pères qui envoyaient avec confiance leurs fils écouter vos leçons, sûrs qu'auprès de vous l'instruction n'enfanterait jamais de fruits amers. «Soyez honnêtes gens avant tout, répétiez-vous sans cesse à vos élèves; on ne peut rien produire

---

(1) *Voyez* la note VI.
(2) *Voyez* la note VII,
(3) *Voyez* la note VIII.

DE BEAU, DANS AUCUN ÉTAT, DANS AUCUN GENRE, SI L'ON NE PRÉFÈRE LA VERTU ET LA LIBERTÉ, A LA RICHESSE, A LA VIE MÊME. » Cette jeunesse généreuse sera fidèle à vos leçons ; elle sait que votre cause est la sienne, que vous regardez ses succès comme les vôtres. Sa conduite justifiera votre doctrine, et ses triomphes dans tous les genres réjouiront votre vieillesse.

Poursuivez donc votre utile carrière, et quoique nous ne puissions plus entendre votre voix, ne nous privez pas de vos conseils. Vous nous devez quelque souvenir qui témoigne que le professeur était aussi attaché à ses élèves que les élèves l'é-taient au professeur. Publiez tout ce que vous avez vu, tout ce que vous avez fait ; montrez aux jeunes gens comment un homme de bien sait allier les obligations du citoyen avec les devoirs de l'humanité (1) ; qu'ils apprennent comment, au sein d'une laborieuse médiocrité, on résiste aux séductions de la richesse ; qu'ils apprennent comment la faveur n'éblouit pas, et comment on supporte la disgrâce. Au bout d'une vie sans reproche, votre révocation apparaîtra comme la couronne, la ré-compense de tant et de si honorables travaux.

Ainsi que vous, Rollin (2), dans sa vieillesse, fut éloigné par une intrigue jésuitique de la carrière

---

(1) *Voyez* la note IX.
(2) *Voyez* la note X.

de l'instruction; ainsi que lui devenez historien. Après avoir le premier célébré dans des pages immortelles la gloire des armées françaises (1), consacrez votre beau talent à retracer les grandes et utiles choses enfantées par la révolution; poursuivez cette belle idée des *fastes civils !* justifiez la liberté qu'on accuse, la France qu'on calomnie, et la nation reconnaissante vous vengera de l'injustice ministérielle, en marquant votre place à côté des courageux et éloquens défenseurs de ses libertés.

Paris, mars, 1821.

---

(1) Introduction des Victoires et Conquêtes.

NOTES.

Note I. — Le Drapeau Blanc du 19 février dit : « Ce n'est pas à M. Delille que M. Tissot a succédé ; ce n'est pas même à M. Legouvé, successeur de l'abbé Delille, mais à M. Lemaire, qui, pendant la maladie de M. Legouvé, l'avait suppléé avec un rare talent. » On ne peut guère dire plus de mensonges en moins de lignes. Voici la note en réponse à l'article du Drapeau Blanc, que M. Tissot fit insérer dans le Constitutionnel du 21.

« Un journal prétend que je n'ai point succédé à M. Delille dans la place de lecteur royal au collége de France. Voici les faits exacts. M. Legouvé, suppléant de Delille alors titulaire, et en pleine jouissance de tous ses droits de professeur, étant tombé malade, chargea M. Lemaire de le remplacer. Après la mort de Legouvé, et pendant les vacances de 1811, Delille, redevenu maître de se choisir un remplaçant, me proposa de faire son cours de poësie latine ; il avait des motifs que je dirai si l'on veut, et qui ôtaient tout scrupule à ma délicatesse ; mais je reculai devant un honneur périlleux, j'alléguai l'insuffisance de mes forces : Delille mit une grâce infinie à me rassurer, mais je ne me rendis pas encore. Enfin, après deux mois pendant lesquels j'avais visité le grand poëte moins souvent que de coutume, il fallut obéir et se préparer.

Le 11 décembre de la même année, Delille, accompagné

de l'inspecteur du collége, et de presque tous ses collègues, accourus pour l'entendre, me présenta lui-même à une nombreuse assemblée, et la pria de m'agréer pour son remplaçant. Dans le cours de mes leçons plusieurs fois il vint se placer à côté de moi dans la chaire qu'il avait illustrée, et recevoir les témoignages de l'enthousiasme général : il daigna me donner des encouragemens publics. Au commencement de 1813, satisfait de mes efforts, il voulut me donner le titre de son suppléant. Revêtu de ce titre par les suffrages du collége, je vis confirmer ma nomination par le ministre. Quand la France eut perdu son poëte et le collége son ornement, les suffrages des professeurs se réunirent en ma faveur. La troisième classe de l'Institut proposait le savant Ginguené ; le Gouvernement adopta en moi le candidat du collége de France et l'homme honoré du choix de Delille. » (1)

Note II. — Quoi que dise l'article du Drapeau Blanc que nous venons de citer, la tête de Delille ne fut point menacée pendant la révolution. Voici comment s'exprime à ce sujet la Biographie universelle dans un article rédigé par M. Michaud : « En 1794 Delille s'éloigna de Paris, où les troubles politiques avaient fait oublier la littérature, où les muses ne trouvaient plus de sujets d'inspiration ni le calme si nécessaire à leurs travaux; il se retira à Saint-Diez, patrie de Mme Delille, où il acheva, dans une solitude profonde et à l'abri de toute distraction, sa traduction de l'Enéide qu'il avait commencée depuis trente ans. »

Ajoutons que le poëte qui, sous le règne de Napoléon, résista à toutes les séductions, et s'écriait :

> Rien ne put arracher un mot à ma candeur,
> Une ligne à ma plume, un détour à mon cœur,

ne fut point puni de sa constance et de sa fidélité : cependant

---

(1) Cette note est demeurée sans réponse.

il ne perdait aucune occasion de rappeler dans ses vers le souvenir de ses anciens bienfaiteurs.

> Auguste triomphant, pour Virgile fut juste.

NOTE III. — Voici le texte de l'ordonnance du Roi.

A tous ceux, etc.

Sur le compte qui nous a été rendu de l'ouvrage intitulé *Précis ou Histoire abrégée de la Révolution française ; depuis 1792 jusqu'en 1815*, publiée sous la direction du sieur Tissot, professeur au Collége royal de France;

Et sur le rapport de notre ministre secrétaire-d'état au département de l'Intérieur,

Nous avons ordonné et ordonnons ce qui suit :

Le sieur Tissot, professeur de poësie latine au Collége royal de France est révoqué de ses fonctions.

Donné en notre château des Tuileries, le 1er février 1821.

Le respect qu'on doit à tous les actes de l'autorité royale ne peut empêcher de faire remarquer cependant que M. Tissot n'a mis son nom à aucun ouvrage ayant pour titre *Précis de la Révolution française* ; c'est probablement une faute de copiste; mais souvent on s'est servi de ruses semblables pour tromper la religion des souverains.

NOTE IV. - Le journal de Paris du 14 février, publie l'article suivant :

« Nous avons annoncé, il y a trois jours, la révocation de M. Tissot des fonctions de professeur au Collége royal de France. Nous apprenons qu'elle a été principalement déterminée par la publication d'un *Précis historique sur les guerres de la Révolution*, auquel M. Tissot a eu l'imprudence d'attacher son nom et son titre de professeur royal. Cet ouvrage contient moins l'histoire des guerres où la France a été entraînée qu'une apologie constante de tous les excès, même les plus coupables, de la révolution ; l'auteur va jusqu'à accuser de faiblesse la Convention, lorsque, revenue à des maximes moins atroces, elle consentit à accorder la paix aux habitans

de la Vendée. « Mais la Convention (ajoute-t-il) n'était plus
» que l'ombre d'elle-même ; elle déviait de ses principes et
» poussait la patience jusqu'à entendre chaque jour sa pro-
» pre condamnation dans la bouche de quelques énergumènes
» entraînés par le désir de la vengeance. » Il proclame *sau-*
veurs de la patrie cette même Convention et le comité de salut
public ; enfin, il lui reproche de n'avoir pas déployé assez de
sévérité dans le châtiment des sections de Paris, armées
contre les fauteurs de la terreur au 13 vendémiaire.

Quelles que soient et quelles qu'aient été les opinions de
M. Tissot, on doit être surpris qu'il ait pu consentir à attacher son nom à une production où se trouvent les passages que
nous venons de citer, et qu'en tête d'un tel ouvrage il n'ait
pas craint de rappeler son titre de professeur au Collége
royal de France.

Une circonstance aussi étrange a dû nécessairement appeler
l'attention du Gouvernement, et, quelque rares que soient
heureusement les exemples de mesures de ce genre, on n'a
pu s'étonner de la révocation d'un professeur qui s'était ainsi
séparé de tant de savans distingués par leurs lumières et par
leurs sentimens, que réunit cet établissement illustre. »

Deux jours après, M. Tissot fit paraître la réponse suivante.

Réponse de P.-F. Tissot, successeur de M. Delille au
Collége royal de France, à un article du Journal de Paris,
du 14 février 1821.

Le *Journal de Paris* a inséré, dans son numéro du 14 de
ce mois, un article évidemment destiné à justifier la révocation prononcée contre moi. J'ai dû repousser des assertions
fausses, et me défendre contre des accusations aussi graves
qu'injustes. J'ai rempli ce devoir avec modération ; la censure a rejeté ma réponse tout entière. Hier soir on refusait au
Constitutionnel la permission de publier ma prompte justifi-
cation, et dans le même moment on autorisait plusieurs
journaux à répéter l'article du *Journal de Paris*.

Au Rédacteur du Constitutionnel.

M ONSIEUR,

Le *Journal de Paris*, dans un article dont les formes modérées sembleraient annoncer un narrateur exact et sans passion, m'impute nominativement un fait dénué de vérité. Je dois à mes anciens collègues, au public, à moi-même, de repousser une attaque injuste. Je pourrais dire que l'ouvrage sur lequel on a motivé ma révocation n'est pas de moi, que je l'ai seulement revu et dirigé; qu'il porte un second titre (1) et contient un avant-propos que j'ai connu avant-hier pour la première fois; que, par un hasard assez singulier, j'avais ignoré la distribution du premier volume; mais ce seraient là de faux-fuyans indignes d'un homme loyal. J'ai conduit le travail, j'y ai participé, j'ai été le maître de le corriger à mon gré; je ne puis ni ne veux le désavouer: jamais je n'ai fui la responsabilité de mes actions : je ne commencerai pas aujourd'hui à donner ce mauvais exemple.

Mon ouvrage, dit le *Journal de Paris*, contient moins l'histoire des guerres où la France a été entraînée, qu'une apologie constante de tous les excès même les plus coupables de la révolution. L'accusation est bien grave; mais voici la vérité. Le volume dont on me fait un crime ne contient pas un mot des évènemens de la révolution, depuis son origine jusqu'en germinal de l'an 3, époque de l'apparition de Pichegru sur la scène politique : un simple trait sur cette journée, quelques lignes historiques sur le 18 fructidor, une page relative au 13 vendémiaire, deux ou trois phrases con-

---

(1) Le titre véritable, et placé, de mon aveu, en tête du premier feuillet, est celui-ci : *Précis ou Tableau rapide des opérations militaires depuis* 1792 *jusqu'à* 1815.

sacrées à l'évènement qui porta Bonaparte au consulat, voilà tout ce qu'on peut trouver sur le civil dans plus de quatre cents pages d'impression.

Les rédacteurs du Précis ont tellement oublié les choses politiques pour les faits militaires, qu'un lecteur étranger à notre révolution ne pourrait soupçonner, en lisant l'ouvrage, qu'il y ait eu en France un 10 août, un 21 janvier, un 31 mai, un 9 thermidor. Même silence sur les hommes de la tribune ou de l'administration, que sur les évènemens qui ne regardent point la guerre. Mirabeau et l'abbé Mauri, Barnave et Cazalès, Clermont-Tonnerre et Bailli, ne sont pas plus nommés que leurs successeurs.

Il y a bien loin d'une telle réserve aux coupables apologies qu'on me prête avec si peu de fondement. Ma vie est exempte de tout excès révolutionnaire; ma plume est innocente de toute approbation du mal.

On me reproche d'avoir proclamé sauveurs de la patrie la Convention et le Comité de Salut public. Oui, ces deux autorités ont sauvé la France des mains de l'étranger, qui n'annonçait que trop des vues ambitieuses. Historien, j'ai dû dire la vérité; citoyen, j'ai dû applaudir à un tel succès. Fallait-il déplorer la défaite de ceux qui avaient détruit l'arsenal de Toulon, ou arboré dans Valenciennes d'autres armes que les armes du roi de France?

Le peu de lignes consacrées à la journée de vendémiaire porte le caractère d'un simple récit. Dire que la Convention fût plus indulgente envers les auteurs de cette journée qu'envers le peuple soulevé par la famine, n'est pas émettre une opinion, c'est raconter un fait. Ainsi donc le *Journal de Paris* a supposé bien gratuitement que j'aurais voulu plus de sévérité. On n'est pas payé dans ma famille pour aimer les proscriptions.

Poursuivons les citations. « L'auteur, dit le *Journal de Paris*, va jusqu'à accuser de faiblesse la Convention, lorsque, revenue à des maximes moins atroces, elle consentit à accor-

der la paix aux habitans de la Vendée. » Veut-on savoir ce
que j'ai dit? Voici mes propres expressions : «Le jeune et
brillant libérateur de l'Alsace, sorti de la Conciergerie, avait
employé les premiers momens de sa liberté à proposer au comité un plan sagement conçu pour le rétablissement de la
tranquillité dans les départemens de l'Ouest. Ce plan deman-
dait de la prudence et de la fermeté ; on ne sut que montrer
de la faiblesse et descendre à des concessions plus misérables
les unes que les autres. » J'ajoute un peu plus bas : « Hoche,
véritablement animé par des sentimens d'humanité, mais
ferme, habile, et mettant sa gloire à pacifier des contrées si
long-temps désolées, aurait extirpé jusqu'aux germes de la
guerre civile. » Je le demande à tout homme de bonne
foi, où peut être la matière d'une censure dans ces pensées ? N'est-il pas évident que je condamnais la faiblesse
comme un obstacle à cette paix, qui était l'objet des vœux
de la nation ? N'est-ce donc pas en renonçant à toutes les mesures cruelles, et par un étonnant mélange de douceur, de
vigilance et de fermeté, que le général Hoche parvint à étein-
dre le volcan allumé au cœur de la France? J'ai porté jusqu'aux nues l'héroïsme de cette garnison de Mayence, qui
repose tout entière dans les plaines du Poitou: mais, ai-je
refusé justice au dévouement des Vendéens? Ai-je rabaissé
leurs victoires ou refusé des regrets à leur infortune? Ne lit-
on pas, dans l'ouvrage qu'on accuse, ces lignes d'un homme
impartial et d'un ami de l'humanité ? « Détournons nos yeux
» d'un théâtre où le sang français coula par la main des
» Français; plaignons à la fois les vaincus et les vainqueurs,
» et donnons des larmes à ce jeune Sombreuil qui combattit
» et mourut avec tant de courage; un tel homme était digne
» de servir la cause sacrée de la patrie et de la liberté. »

Qu'on me permette quelques réflexions dernières. Je retrace rapidement et sans passion des faits épars dans plus de
deux cents volumes, des faits racontés par tout le monde; je
célèbre tous les dévouemens, toutes les actions généreuses; mon

enthousiasme pour la gloire nationale éclate sans me rendre injuste, même envers nos ennemis. Comment trouver du crime dans cette conduite? Comment les fonctions de l'historien pourraient - elles m'enlever le présent d'une illustre amitié, la récompense de onze années de travaux, l'espérance d'un peu de gloire, peut-être, et l'asile de ma vieillesse! Delille m'avait dit quelque temps avant de mourir : « La chaire que je vous lègue, vos l'occuperez jusqu'au tom- » beau. » Il s'est trompé, je le vois; mais, dans ma pieuse reconnaissance, j'attachais quelque chose de prophétique et de sacré aux dernières paroles d'un grand poète.

P.-F. TISSOT.

15 février 1821.

P. S. Dans ma lettre au *Constitutionnel*, je n'ai point rapporté la seule phrase citée par le *Journal de Paris*, je la rétablis ici telle qu'il l'a donnée. « *Mais* la Convention n'était plus que l'ombre d'elle-même; elle déviait de ses principes, et poussait la patience jusqu'à entendre chaque jour sa propre condamnation dans la bouche de quelques énergumènes entraînés par le DÉSIR de la vengeance. »

Telle est la citation; voici le texte sans aucune altération : « *Hoche, véritablement animé par des sentimens d'humanité, mais ferme, habile, et mettant sa gloire à pacifier des contrées si long-temps désolées, aurait extirpé jusqu'au germe de la guerre civile. Au reste, peut-être l'aurait - on contrarié dans l'exécution de ses desseins. La Convention n'était plus que l'ombre d'elle-même; cette assemblée semblait avoir déposé avec sa férocité ce courage indomptable, cette conviction profonde de sa force, qui la rendaient supérieure à tous les dangers. La réputation de ses armes dictait la paix aux rois, et faisait encore trembler le continent :* mais elle déviait de ses principes, et poussait la patience jusqu'à entendre chaque jour sa propre condamnation dans la bouche de quelques énergumènes, *tourmentés par la terreur de leurs actions précédentes, ou* entraînés par le DÉLIRE de la vengeance. » (Page 107 du *Précis.*)

NOTE V. — On dit qu'un certain individu, qui, comme orateur de la *section des sans-culottes* (1), présenta à la Con-

---

(1) *Moniteur,* tridi, 3e décade de brumaire an 2 (13 nov. 1793),

vention , le 10 novembre 1793 , huit ci-devant prêtres qui abjuraient solennellement *leurs jongleries et leur charlatanisme ;* qui, le 27 mars 1794, demande, au nom du tribunal du 6ᵉ arrondissement , la suppression du costume des juges qui retraçait le souvenir des nobles et des prêtres (1), on dit que ce même homme , qui, en 1812, *expliqua Virgile par le siècle de Napoléon,* s'était mis sur les rangs pour remplacer M. Tissot. L'Institut et le Collége de France ont fait justice de ses prétentions.

NOTE VI. — Les destitutions arbitraires sont de mode aujourd'hui , comme le furent autrefois les exils des parle-

---

p. 214, troisième colonne. La section des Sans-Culottes succède à celle de Beaurepaire. L....., orateur : « Représentans du peuple, nous rendons grâces et justice à vos immortels travaux , nous vous devons un gouvernement et des lois républicaines. Vous avez terrassé toutes les tyrannies et toutes les intrigues ; vous avez lancé d'un bras vigoureux le char de la révolution et de la liberté ; il roule dans toutes les parties de la France avec une rapidité triomphante : il écrase journellement tous les traîtres de l'intérieur sous ses roues de fer et d'airain. Précipitez-le avec plus de force encore sur les tyrans coalisés.....

.... Et toi, montagne sainte, patrone des sociétés populaires, protectrice des assemblées fraternelles ! toi d'où sont partis les éclairs et les foudres qui ont brisé et réduit en poussière les trônes et les autels de l'erreur, demeure inébranlable au milieu des orages : si des mains sacriléges ont détaché quelques pierres de ton sein , ces pierres en tombant ont écrasé ces scélérats sous leur poids , et la montagne est toujours entière, toujours la même. (Vifs applaudissemens.) Législateurs, nous vous présentons des ci-devant prêtres au nombre de huit , qui viennent d'abjurer solennellement leurs jongleries et leur charlatanisme : ce sont des enfans nouveau-nés qui veulent être régénérés par vous , etc. »

(1) *Moniteur* du 8 germinal an 2 (28 mars 1794), pag. 761 première colonne. On introduit à la barre le tribunal du sixième arrondissement. L..., orateur : « Nous vous demandons aussi la suppression du costume actuel des juges , parce qu'il nous semble rappeler des idées monarchiques, féodales et chevaleresques ; parce que le manteau , par sa forme et sa couleur, retrace des souvenirs de nobles et de prêtres, qui contrastent trop violemment avec nos sentimens républicains, et avec le ruban tricolore qui en est le signe et le symbole le plus cher aux amis de la liberté et de l'égali

mens , les dragonnades , les persécutions des huguenots ; les
refus de sacrement, etc. Nous vivons cependant sous un
régime constitutionnel , dans lequel les droits de tous les
citoyens doivent être respectés.

Dans les gouvernemens arbitraires il n'existe aucune ga-
rantie ; les places, les fortunes des citoyens, leurs vies, dépen-
dent uniquement de bon plaisir du maître. Dans ces gouvernemens , les fonctionnaires sont des domestiques auxquels on
dit, je te paie pour faire exécuter ma volonté. ; que cette
volonté change de règle et de maximes, cela ne te regarde
pas ; obéis aveuglément, ou je te chasse.

Ainsi les despotes disent à leurs prévôts : « vous mettrez
les fureurs des passions à la place de la loi : vous ne demanderez pas aux témoins si les accusés sont coupables ou inno-
cens; vous demanderez s'ils sont pour la rose rouge ou pour
la rose blanche : vous les condamnerez pour des choses étran-
gères au procès principal. Si vous dévoilez les iniquités des
méchans , tremblez, je vous blamerai. »

Les tyrans disent au soldat : « tu ne te serviras de tes armes
que contre tes concitoyens ; tu leveras le fer sur le sein de
tes frères , et tu embraseras le toit paternel. Si tu ne veux
pas obéir à ma rage, je n'aurai aucun égard à tes services,
aucune pitié de tes blessures ; quels que soient tes services
passés , je te chasserai comme un traître : tu seras obligé de
mendier ton pain ou de vendre, pour subsister , le fer qui
vainquit les ennemis de ton pays , et le signe qui récompensa
ton courage. »

Voila ce que disent les gouvernemens despotiques, les gouvernemens constitutionnels ne peuvent jamais tenir le même
langage.

Ce serait une belle question à examiner que celle de savoir
à quelles règles les destitutions doivent être soumises dans un
état libre.

Note VII. — Suivant la nouvelle Biographie des Contem-
porains, M. Andrieux et ses collègues n'ont résisté *aux épu-*

rations de 1815, que parce que les places de lecteur au collége royal sont inamovibles. Cette inamovibilité était sans doute dans les intentions du fondateur de ce bel établissement, elle fut constamment respectée jusqu'à Louis XIV., qui, le premier, arracha de leurs chaires deux illustres savans, Dupin et Baluze. La honte de cette action retombe tout entière sur les ésuites; l'estime et la vénération publique payèrent largement les proscrits de l'injustice de la cour.

Avant Louis XIV, et dès l'origine du collége de France, quelques lecteurs furent, il est vrai, persécutés, et le malheureux Ramus paya de sa vie ses argumens contre la doctrine d'Aristote et la persévérance avec laquelle il signala deux ignorans qui s'étaient emparés d'une chaire de mathématiques au collége royal; mais nous le répétons, avant Louis XIV, aucun professeur n'avait été destitué. Sous Charles IX., Monanteuil privé un instant de sa place, fut bientôt après rétabli dans ses fonctions, sur la demande noble et courageuse de ses collégues.

Nous avons rassemblé dans la Notice suivante l'histoire des lecteurs royaux, tourmentés pour cause d'opinions. On y verra qu'au Collége de France comme partout, les honnêtes gens sont persécutés, tandis que les Dampestre et les Charpentier prospèrent.

Notice sur les Lecteurs au Collége royal de France, qui depuis l'origine de l'établissement ont été persécutés pour des opinions ou des écrits, entièrement étrangers à leurs fonctions de professeur.

Guillaume Bigot, poëte latin et français. Quoique ce savant n'ait point fait partie des lecteurs royaux, il est curieux de voir comment ses ennemis et ses rivaux parvinrent à l'éloigner d'une place, de laquelle son mérite le rendait digne.

Bigot fut, dit-on, proposé à François Ier pour remplir une chaire de philosophie à la fondation du collége de France. Le roi demanda à Pierre du Chastel quel homme c'était, il répondit que c'était un philosophe qui suivait les sentimens d'Aristote. Et quels sont les sentimens d'Aristote? ajouta François Ier. Sire, reprit du Chastel, Aristote préfère les républiques à l'état monarchique. Cela fit, dit Ménage, une telle impression sur l'esprit du roi, qu'il ne fut plus parlé de Bigot.

PIERRE RAMUS ou la Ramée, était fils d'un charbonnier ; à huit ans il s'échappa de la maison paternelle, et la misère le contraignit de servir comme domestique au collége de Navarre. Le jour il suivait ses maîtres et passait les nuits à cultiver les sciences. Ses progrès furent rapides. A sa réception au degré de maître expert, il s'engagea à soutenir que tout ce qu'Aristote avait avancé dans ses ouvrages de philosophie était faux et ridiculement imaginé ; cette thèse commença sa réputation, mais en même temps elle fut l'origine des chagrins et des persécutions qui tourmentèrent le reste de sa vie.

François Ier qui avait rejeté Bigot comme partisan d'Aristote, condamna Ramus, parce qu'il combattait les péripatéticiens. Il fut défendu au maître ès-arts de lire ni d'écrire aucune chose, ni publiquement ni privément. Henri II cassa cet arrêt, et en 1551 le nomma professeur de philosophie et d'éloquence au collége royal. Soupçonné de donner dans le protestantisme, Ramus fut destitué de sa charge par l'Université en 1562 et chassé du collége de Presle dont il était principal, mais il conserva sa chaire au collége de France; son collége fut pillé, il perdit la riche bibliothèque qu'il y avait amassée, et ne dut son salut qu'à la fuite. En 1563, la paix ayant été conclue entre Charles IX et les protestans, Remus revint à Paris et s'opposa tant qu'il put à l'admission de Dampestre et de Charpentier comme professeurs de mathématiques au collége royal (1).

____

(1) Quelque attention que François Ier et Henri II eussent apportée

En 1567, les guerres civiles ayant commencé, Ramus fut encore obligé de s'éloigner, et se voyant en butte à un grand nombre d'ennemis, il demanda la permission de visiter les académies d'Allemagne. Le roi lui accorda cette permission et voulut que pendant cette absence Ramus continua de jouir de ses appointemens de professeur royal. L'amour de la patrie le ramena, pour son malheur, à Paris vers la fin de la même année 1571, il y fut enveloppé dans l'horrible massacre de la Saint-Barthélemy, le 25 août 1572.

Pendant le tumulte, il s'était caché dans une cave; mais il en fut tiré par des assassins qu'avait aposté Charpentier, son compétiteur et son plus cruel ennemi. Il se défendit autant qu'il put; mais à la fin il fut blessé et jeté par la fenêtre; ses entrailles étant sorties de son corps, les écoliers animés par leurs maîtres, les répandirent dans les rues, et traînèrent ignominieusement son corps en le frappant de verges.

Il avait ordonné par son testament que de 900 livres de rente qu'il avait sur l'hôtel-de-ville, 500 serviraient de gages à un professeur choisi au concours, qui enseignerait pendant

---

pour ne donner les chaires du Collége royal qu'à des savans qui fussent en état de faire honneur à leur place, on pouvait être trompé, et Henri II le fut en effet. Dampestre-Casel ayant trouvé moyen de se faire des protecteurs, envahit une chaire de mathématiques vacante par la mort de Paschal Duhamel. Ce Dampestre faisait, dit-on, rédiger ses leçons par ses élèves. Ramus, qui connaissait son incapacité, le traduisit au parlement, et obtint à ce sujet une ordonnance par laquelle il fut réglé que Dampestre, et tous les professeurs qui se présenteraient à l'avenir, seraient examinés par tous les autres lecteurs royaux. Cette ordonnance fut un coup de foudre pour Dampestre, qui, n'osant s'exposer à un examen, fit ses conditions avec Charpentier, docteur en médecine, et lui céda sa place. Charpentier, aussi ignorant que Dampestre, n'évita la honte d'un examen qu'en suppliant avec larmes le parlement de lui accorder trois mois pour se préparer. Mais il éluda toujours de se soumettre aux conditions que le parlement lui avait imposées. Devenu médecin de Charles IX, Charpentier fit ses preuves de savoir à la Saint-Barthélemy.

trois ans les mathématiques au collége de France. Les trois ans expirés la place devait être remise au concours.

HENRI DE MONANTHEUIL fut nommé par Charles IX une chaire de mathématiques au Collége royal vers 1573. Il en fut dépossédé quelques années après; mais ce ne fut pas par incapacité. On se servit peut-être de l'opinion d'Amiot, qui prétendait qu'un docteur et professeur en médecine ne pouvait enseigner les mathématiques. C'était une injustice; ses collègues s'en plaignirent, et présentèrent sur cela au roi la requête suivante :

« Sire, nous soussignés, vos lecteurs ordinaires en votre Université de Paris, témoignons, certifions que Henri de Monantheuil, docteur en médecine, et votre premier lecteur en icelle Université ès-mathématiques, y a par l'espace de dix ans duement et diligemment vaqué à la lecture ordinaire des meilleurs auteurs grecs et latins mathématiciens, avec bonne suite d'auditeurs, utilité et contentement d'iceux; à quoi eu égard, d'autant que lesdites mathématiques sont sciences royales, et de tout temps estimées très belles et très nécessaires, et que aussi dès la première institution du grand roi François votre ayeul, que Dieu absolve, furent pourveues de deux lecteurs, à sçavoir *Oronce Finé* et *Martin Problacion*, médecin, nous vous supplions très humblement vouloir rétablir ledit de Monantheuil en l'état de votre Maison, en la même profession qu'il était auparavant, la réduction faite de vos officiers. Ce faisant, vous ferez bien, etc. » Cette requête était signée de Louis Duret, Nicolas Goulu, Jean Passerat, Jean de Cinq Arbres, Jean Pelerin, Gilbert Genebrard, et de Jacques Hélias. Le chancelier en fit son rapport au roi, qui ordonna que Monantheuil reprendrait sans délai son rang et ses exercices ordinaires.

JEAN GOUDOUIN ou GODOUIN, nommé professeur d'hébreu au Collége royal vers 1660. En 1677, s'étant mis sur les rangs pour la place de doyen de la nation de France à l'Université, ses compétiteurs, César Egasse du Boulai et Charton s'opposèrent à son élection , parce qu'il était marié. Godouin, à ce sujet, composa une requête, dans laquelle il fait l'apologie du mariage, et rapporte des détails curieux sur l'Université. Peu après, ce savant homme, qui s'expliquait avec liberté sur les matières de la religion, fut accusé par un de ses disciples, excité par le P. Bahier de l'Oratoire. Mais le jeune homme n'ayant pu prouver son accusation, le professeur ne fut point inquiété. Il fut encore accusé en 1695; mais il se justifia encore devant M. du Harlay, archevêque de Paris.

FRANÇOIS DU MONSTIER, professeur d'éloquence latine au Collége royal. Il répondit avec chaleur aux attaques du P. Cossart contre Ramus. Les jésuites ne cessèrent de le persécuter, et le firent exiler à Tours, sous prétexte de jansénisme.

ÉTIENNE BALUZE. Louis XIV avait érigé pour lui, en 1670, une chaire de droit au Collége royal. Une affaire malheureuse le fit tomber, peu de temps après, dans la disgrâce. Il inséra dans son *Histoire généalogique de la Maison d'Auvergne*, quelques fragmens d'un ancien cartulaire et d'un obituaire de Brioude, qui prouvaient que les Bouillon descendaient en ligne directe des anciens ducs de Guyenne, comtes d'Auvergne. Lorsque le cardinal de Bouillon se fut retiré en pays étranger, Louis XIV chercha à le mortifier dans la personne de l'historien de sa maison. Baluze fut exilé successivement à Rouen, à Blois, à Tours, à Orléans. Il ne put obtenir son rappel qu'en 1703, après la paix d'Utrecht; mais on ne lui rendit ni ses places ni sa chaire au Collége royal. Ce savant mourut à Paris le 28 juillet 1718, regretté et célébré par tous les gens de lettres, dont il était le Nestor et l'ami. Il paraît que la place de Baluze resta vacante, du moins on ne trouve point le nom de son successeur dans les Mémoires de Goujet.

LOUIS ELLIES DUPIN, docteur de Sorbonne, professeur de philosophie au Collége royal. Il fut l'ami de Rollin et l'un des plus laborieux et des plus savans hommes de son temps. L'envie qu'il avait de voir toutes les églises dissidentes au catholicisme se réunir et mettre fin à leurs disputes, l'engagea souvent dans des opinions qui furent censurées par Bossuet lui-même. On l'accusait, entr'autres choses, d'affaiblir la piété des fidèles, en diminuant de la vénération due à la sainte Vierge; de parler des SS. Pères avec trop peu de respect. Il avançait, ajoutent ses accusateurs, que les principes de notre foi peuvent s'accorder avec la religion anglicane; que, sans altérer les dogmes, on peut abolir la confession auriculaire; ne plus parler de la transubstantiation; anéantir les vœux de religion; retrancher les jeûnes et l'abstinence du carème; se passer du Pape et permettre le mariage des prêtres. Mais ce qui troubla principalement le repos de Dupin, ce furent les disputes au sujet de Jansénius. Il se joignit aux opposans à la bulle *unigenitus*, et fut l'un des signataires du *cas de conscience*. Les jésuites ne négligèrent pas cette occasion de persécuter un des plus savans défenseurs des libertés de l'église gallicane. Dupin fut exilé à Châtellerault et privé de sa chaire du Collége royal. Ce ne fut qu'à la condition d'une rétractation qu'il obtint son rappel; mais on ne lui rendit point sa chaire. Non-seulement il ne méritait pas d'être traité avec cette rigueur, mais si l'on en croit d'Aguesseau, il fut victime d'une opinion qu'il ne partageait pas.

Note VIII. — La révocation de M. Tissot est évidemment le commencement d'une mesure générale. D'autres suivront, et bientôt le Collége de France sera supprimé; viendront ensuite l'École normale, l'École Polytechnique, et tous les établissemens dans lesquels on enseigne des choses utiles.

Qu'on ne s'y trompe pas; c'est dans l'instruction publique que les peuples doivent fonder leur liberté; et de l'éducation de la génération qui s'élève, dépend le sort du monde. Nos ennemis, les ennemis du genre humain, les partisans des doctrines féodales, le savent bien. Un ordre actif, ambitieux, dirige les changemens qu'on veut faire dans l'éducation nationale. Il enfantera bientôt de nouveaux Ravaillac pour frapper de nouveaux Henri, des Le Tellier pour persécuter les chrétiens, des inquisiteurs pour brûler les hérétiques, et des dragons pour les Cévennes. Il est temps que la France, que l'Europe entière repousse de son sein ces assassineurs de rois, ces bourreaux des peuples. Plus prévoyans que nous, ils s'emparent de l'esprit de la jeunesse; ils élèvent une nation dans la nation. Leur morale facile a des indulgences pour tous les crimes; leur religion, des tortures pour toutes les vertus. Plus adroits, meilleurs politiques que les prêtres du paganisme, ils ne refuseraient pas à Néron l'approche des saints mystères. Ils ont canonisé Constantin et massacré Coligni.

Que tous les hommes éclairés se réunissent donc contre les usurpations jésuitiques (1), que les mandataires du peuple posent enfin les bases d'une éducation saine et libérale, dans laquelle les jeunes gens apprennent à respecter les lois, à connaître le prix de la liberté, à aimer la patrie. L'in-

---

(1) C'est vn chancre qui gaigne tousiours. Ils ne peuuent estre en un lieu sans y regner. Desia ils hastissent vn nouitiat au faubourg Saint-Germain, dans l'enclos duquel on pourrait enfermer vne ville où le recteur de l'Uniuersité n'aura que voir, où ils attireront toute la jeunesse, pource qu'ils sont plus subtils que les autres à s'insinuer ès familles, à entretenir les femmes déuotes, à carresser leurs enfans, à ne prendre ny lendy ny chandelles des escholiers, cependant qu'ils engloutissent les terres, et successions entières. Dont aduiendra que l'Uniuersité de Paris ne sera plus qu'vne ombre et ne peut éuiter une ruyne asseurée. D'icy à dix ans le conseil priué et les cours de parlement, et le grand conseil seront remplis de disciples de Iesuites, et le reste du clergé ne sera plus rien estimé; car ils ont dessein de le raüaler, et en parlent avec mespris comme s'ils estaient ignorants. Cependant i'ai ouy dire à plusieurs gens doctes, et particulièrement à M. le cardinal du Perron, que ce sont gens ignorants, et qui ruineront les Lettres, pour la restauration desquelles mond't sieur le cardinal s'est proposé d'ériger un nouueau collège en l'Uniuersité, où il releuera les Lettres, décheuës depuis que ces gens les ont souillées, les ayant réduites à une chétive pédanterie et des petits recueils qu'eux-mêmes ont ramassés. (*Anti-Coton*, ou *Refutation de la Lettre déclaratoire du père Coton*, 1610, pages 69 et 70.)

struction seule assurera l'indépendance des nations. Dans
les pays où tous les hommes sont citoyens, le territoire ne
manque jamais de défenseurs.

Note IX. — Le caractère de bonté, de douceur, d'obligeance
de M. Tissot, est connu de tous ceux qui ont le plaisir de
l'approcher. Sa bienveillance le fait aimer comme homme,
long-temps avant qu'on ne l'ait apprécié comme littérateur.

. M. Tissot a sauvé plusieurs personnes dans le cours des
malheurs de la révolution. Il a exposé sa vie lors du massacre des prisonniers d'Orléans à Versailles. Il a répondu par
écrit, pendant les cent jours, pour plusieurs personnes, et
notamment pour M. Péronnet, l'un des premiers valets-de-
chambre du Roi.

Note X. Le vertueux et savant Rollin, principal du collége de
Beauvais, était, comme on sait, un des plus ardens défenseurs
du jansénisme. Le Père Le Tellier excita contre lui les cha-
pelains du collége, et Rollin reçut ordre de quitter l'établissement qu'il dirigeait. On peut lire les détails de cette affaire
et les témoignages des regrets des élèves dans les notes qui
servent de supplément à l'éloge de Rollin, par la Boze.

L'Université choisit de nouveau Rollin pour recteur, en
1720. Mais ayant, dans son discours, mal parlé de l'appel à
un futur concile (contre la bulle *unigenitus*), la cour s'opposa à son élection, et l'Université reçut la lettre de cachet
suivante :

A nos très chers et bien amez les recteur, docteurs et régens et
autres suppôts de notre première et aînée fille l'Université
de notre bonne ville de Paris.

DE PAR LE ROI.

Très chers et bien amez, étant informez que vous devez
vous assembler le seize de ce mois, pour procéder à l'élection
d'un recteur, et ne jugeant pas convenable que le sieur Rollin
soit continué, nous vous faisons cette lettre, de l'avis de notre

très cher et bien amé oncle le duc d'Orléans, régent, pour vous dire que notre intention est, qu'en procédant à ladite élection, vous fassiez choix d'un sujet plus modéré ; vous deffendons au surplus d'insérer dans vos registres le discours qu'a fait ledit sieur Rollin à la dernière assemblée; ou, s'il y avait été inséré, vous ordonnons de le rayer et biffer, et d'y faire enregistrer notre présente lettre; si n'y faites faute ; car tel est notre plaisir. Donné à Paris le quinze décembre mil sept cent vingt.

Signé LOUIS,

Et plus bas PHELIPEAUX.

Voici le passage qui motiva la résolution de la cour.

« Mais pourquoi chercher des exemples ailleurs ? C'est
» vous-mêmes, messieurs, oui, c'est vous-mêmes que je puis,
» dis-je, féliciter avec droit du courage héroïque que vous
» avez montré dans ces derniers temps pour la défense de la
» vérité, et par ce célèbre appel à un concile futur, et
» par le mémoire en supplication adressé dernièrement
» au parlement de Paris siégeant à Pontoise , dans le-
» quel vous déclariez que vous ne preniez aucune part à
» l'accord qui venait d'être fait, et que vous vous attachiez
» fortement à votre appel, comme à l'ancre ferme et sûre de
» la foi.

» Il ne nous reste plus qu'à être unanimes, qu'à prier
» Dieu de tout notre cœur et avec les mêmes sentimens,
» afin qu'il accorde à son église ce que le monde ne peut pas
» lui donner, la paix. Que dans sa bonté pour nous il ar-
» range les affaires de la religion et du royaume; qu'il dé-
» tourne sa colère déchaînée sur nos frères par le fléau de la
» peste qui nous menace nous-mêmes; qu'il fasse que nos
» princes et l'illustre régent dont nous n'oublierons jamais les
» bienfaits , jugent le peuple dans la justice , et les pauvres
» dans la sagesse; que père et gardien lui-même des rois et

» des pupilles, il ne cesse pas surtout de protéger sous l'ombre
» de ses ailes notre roi pupille, l'espoir de la France et de
» l'église, et qu'il le fasse long-temps et heureusement ré-
» gner pour le salut de son peuple et l'affermissement de la
» religion. »

En 1720, Rollin fut victime d'une grande injustice. Cette injustice fut ressentie par tout le monde, et ne fit qu'augmenter l'estime et l'attachement qu'on portait à l'homme de bien persécuté (1). Un siècle après, M. Tissot se trouve dans une situation pareille à celle qui priva l'Université du recteur qu'elle s'était choisi. Les professeurs du Collége de France ont prouvé par leur conduite (2) combien ils attachaient de prix à conserver pour collègue le successeur que Delille s'était désigné. Les auditeurs du cours de poésie latine ont porté le témoignage de leurs regrets jusqu'aux représentans de la nation.

Cet intérêt universel qu'on prend à sa cause, doit montrer à M. Tissot ce qu'on attend de lui, aujourd'hui qu'il est libre de tout engagement, qu'il se souvienne qu'à 60 ans Rollin rendu tout-à-fait à lui-même, composa les grands ouvrages qui ont porté si loin la gloire de son nom.

---

(1) Immédiatement après cette affaire, le gouverneur de M. le duc de Chartres ayant demandé à M. le duc d'Orléans, s'il ne trouvait point d'inconvénient à faire avertir M. Rollin pour la leçon qu'il avait coutume de faire au prince tous les lundis. « Je n'en vois aucun, répondit le duc d'Orléans ; ce qui s'est passé à l'Université ne change rien dans mes sentimens pour lui. »

(2) MM. les professeurs se sont assemblés quatre fois avant de nommer un candidat pour la place de M. Tissot ; et ils n'ont cédé à la fin que lorsque l'Académie des inscriptions a eu choisi. Cette noble temporisation est aussi honorable pour les lecteurs royaux que pour M. Tissot. Il est étonnant qu'elle n'ait pas été comprise par l'autorité.

FIN.